spot

ANIMALES AFRICANOS

LOS ELEFANTES

por Mary Ellen Klukow

AMICUS | AMICUS INK

trompa

colmillos

Busca
estas palabras
e imágenes
mientras lees.

cola

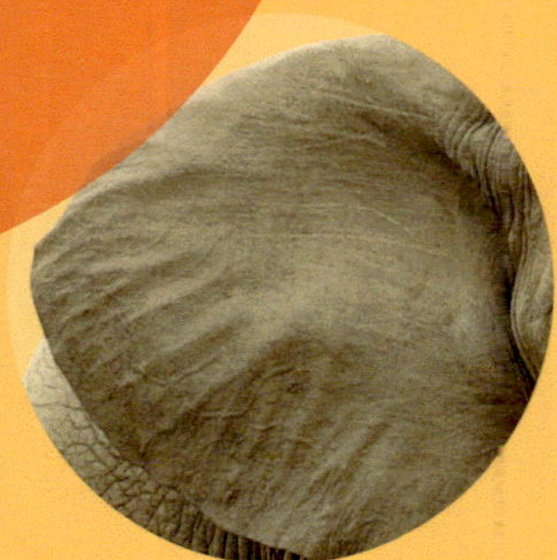

oreja

¿Cuál es ese animal grande y gris?

¡Es un elefante!

Un elefante vive con su familia.
Se le llama manada.
Buscan plantas para comer.

¿Ves la trompa?

Es larga.

Puede sujetar la comida.

colmillos

¿Ves los colmillos? Los elefantes bebé pierden sus primeros colmillos. Luego les crecen unos nuevos.

¿Ves la cola?
¡Swish! Espanta
a las moscas.

cola

oreja

¿Ves las orejas? Ayudan al elefante a mantenerse fresco. Hace calor en la sabana.

Un elefante bebé encuentra
un charco. Llama a su mamá.
¡Es hora de jugar!

trompa

colmillos

¿Lo encontraste?

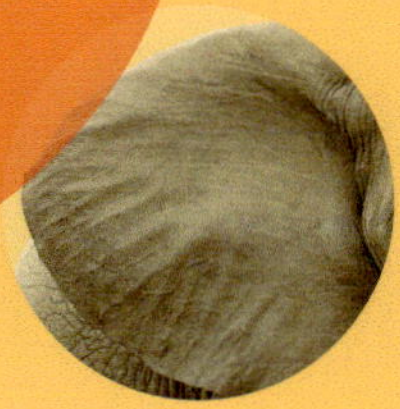

cola

oreja

Spot es una publicación Amicus y Amicus Ink
P.O. Box 227, Mankato, MN 56002
www.amicuspublishing.us

Library of Congress Cataloging-in-Publication Data
Names: Klukow, Mary Ellen, author.
Title: Los elefantes / by Mary Ellen Klukow.
Other titles: Elephants. Spanish
Description: Mankato, Minnesota : Amicus, [2020] | Series: Spot. Animales africanos | Audience: Age 7. | Audience: K to Grade 3. | Includes bibliographical references and index.
Identifiers: LCCN 2018054527 (print) | LCCN 2018055688 (ebook) | ISBN 9781681519036 (eBook) | ISBN 9781681518770 (hardcover : alk. paper)
Subjects: LCSH: Elephants–Africa–Juvenile literature.
Classification: LCC QL737.P98 (ebook) | LCC QL737.P98 K52518 2020 (print) | DDC 599.67–dc23
LC record available at https://lccn.loc.gov/2018054527

Wendy Dieker, editora
Deb Miner, diseñador de la serie
Ciara Beitlich, diseñador de libro
Holly Young, investigación fotográfica

Créditos de Imágenes: Shutterstock/Talvi cover; Shutterstock/cyo bo 1; iStock/ChrisMajors 3; Getty/Manoj Shah 4–5; Alamy/Volodymyr Burdiak 6–7; iStock/Musat 8–9; iStock/AOosthuizen 10–11; iStock/bucky_za 12–13; iStock/anzeletti 14